WELCOME
Baby!

Guest

Name _____

Advice for Parents

_____
_____
_____

Wishes for Baby

_____
_____
_____

Guest

Name _____

Advice for Parents

_____

_____

_____

Wishes for Baby

_____

_____

_____

Guest

Name _____

Advice for Parents

_____
_____
_____

Wishes for Baby

_____
_____
_____

Guest

Name _____

Advice for Parents

_____

_____

_____

Wishes for Baby

_____

_____

_____

Guest

Name _____

Advice for Parents

_____
_____
_____

Wishes for Baby

_____
_____
_____

Guest

Name _____

Advice for Parents

_____

_____

_____

Wishes for Baby

_____

_____

_____

Guest

Name _____

Advice for Parents

_____

_____

_____

Wishes for Baby

_____

_____

_____

Guest

Name _____

Advice for Parents

_____

_____

_____

Wishes for Baby

_____

_____

_____

Guest

Name _____

Advice for Parents

_____

_____

_____

Wishes for Baby

_____

_____

_____

Guest

Name _____

Advice for Parents

_____

_____

_____

Wishes for Baby

_____

_____

_____

Guest

Name _____

Advice for Parents

_____

_____

_____

Wishes for Baby

_____

_____

_____

Guest

Name _____

Advice for Parents

_____

_____

_____

Wishes for Baby

_____

_____

_____

Guest

Name _____

Advice for Parents

_____

_____

_____

Wishes for Baby

_____

_____

_____

Guest

Name _____

Advice for Parents

_____

_____

_____

Wishes for Baby

_____

_____

_____

Guest

Name _____

Advice for Parents

_____

_____

_____

Wishes for Baby

_____

_____

_____

Guest

Name _____

Advice for Parents

_____

_____

_____

Wishes for Baby

_____

_____

_____

Guest

Name _____

Advice for Parents

_____

_____

_____

Wishes for Baby

_____

_____

_____

Guest

Name _____

Advice for Parents

_____

_____

_____

Wishes for Baby

_____

_____

_____

Guest

Name _____

Advice for Parents

_____

_____

_____

Wishes for Baby

_____

_____

_____

Guest

Name ———————————————————

Advice for Parents

_____

_____

_____

Wishes for Baby

_____

_____

_____

Guest

Name _____

Advice for Parents

_____

_____

_____

Wishes for Baby

_____

_____

_____

Guest

Name _____

Advice for Parents

_____

_____

_____

Wishes for Baby

_____

_____

_____

Guest

Name _____

Advice for Parents

_____

_____

_____

Wishes for Baby

_____

_____

_____

Guest

Name _____

Advice for Parents

_____

_____

_____

Wishes for Baby

_____

_____

_____

Guest

Name ————————————————————

Advice for Parents

————————————————————————

————————————————————————

————————————————————————

Wishes for Baby

————————————————————————

————————————————————————

————————————————————————

Guest

Name _____

Advice for Parents

_____

_____

_____

Wishes for Baby

_____

_____

_____

Guest

Name _____

Advice for Parents

_____

_____

_____

Wishes for Baby

_____

_____

_____

Guest

Name _____

Advice for Parents

_____

_____

_____

Wishes for Baby

_____

_____

_____

Guest

Name _____

Advice for Parents

_____

_____

_____

Wishes for Baby

_____

_____

_____

Guest

Name _____

Advice for Parents

_____

_____

_____

Wishes for Baby

_____

_____

_____

Guest

Name _____

Advice for Parents

_____

_____

_____

Wishes for Baby

_____

_____

_____

Guest

Name _____

Advice for Parents

_____

_____

_____

Wishes for Baby

_____

_____

_____

Guest

Name _____

Advice for Parents

_____

_____

_____

Wishes for Baby

_____

_____

_____

Guest

Name _____

Advice for Parents

_____

_____

_____

Wishes for Baby

_____

_____

_____

Guest

Name _____

Advice for Parents

_____

_____

_____

Wishes for Baby

_____

_____

_____

Guest

Name _____

Advice for Parents

_____

_____

_____

Wishes for Baby

_____

_____

_____

Guest

Name _____

Advice for Parents

_____

_____

_____

Wishes for Baby

_____

_____

_____

Guest

Name _____

Advice for Parents

_____

_____

_____

Wishes for Baby

_____

_____

_____

Guest

Name _____

Advice for Parents

_____

_____

_____

Wishes for Baby

_____

_____

_____

Guest

Name _____

Advice for Parents

_____
_____
_____

Wishes for Baby

_____
_____
_____

Guest

Name _____

Advice for Parents

_____
_____
_____

Wishes for Baby

_____
_____
_____

Guest

Name _____

Advice for Parents

_____

_____

_____

Wishes for Baby

_____

_____

_____

Guest

Name _____

Advice for Parents

_____
_____
_____

Wishes for Baby

_____
_____
_____

Guest

Name _____

Advice for Parents

_____

_____

_____

Wishes for Baby

_____

_____

_____

Guest

Name _____

Advice for Parents

_____
_____
_____

Wishes for Baby

_____
_____
_____

Guest

Name _____

Advice for Parents

_____

_____

_____

Wishes for Baby

_____

_____

_____

Guest

Name _____

Advice for Parents

_____

_____

_____

Wishes for Baby

_____

_____

_____

Guest

Name _____

Advice for Parents

_____

_____

_____

Wishes for Baby

_____

_____

_____

Guest

Name _____

Advice for Parents

_____

_____

_____

Wishes for Baby

_____

_____

_____

Guest

Name _____

Advice for Parents

_____

_____

_____

Wishes for Baby

_____

_____

_____

Guest

Name _____

Advice for Parents

_____

_____

_____

Wishes for Baby

_____

_____

_____

Guest

Name _____

Advice for Parents

_____

_____

_____

Wishes for Baby

_____

_____

_____

Guest

Name _____

Advice for Parents

_____

_____

_____

Wishes for Baby

_____

_____

_____

Guest

Name _____

Advice for Parents

_____

_____

_____

Wishes for Baby

_____

_____

_____

Guest

Name _____

Advice for Parents

_____
_____
_____

Wishes for Baby

_____
_____
_____

Guest

Name _____

Advice for Parents

_____

_____

_____

Wishes for Baby

_____

_____

_____

Guest

Name _____

Advice for Parents

_____

_____

_____

Wishes for Baby

_____

_____

_____

Guest

Name _____

Advice for Parents

_____

_____

_____

Wishes for Baby

_____

_____

_____

Guest

Name _____

Advice for Parents

_____
_____
_____

Wishes for Baby

_____
_____
_____

Guest

Name _____

Advice for Parents

_____
_____
_____

Wishes for Baby

_____
_____
_____

Guest

Name _____

Advice for Parents

_____

_____

_____

Wishes for Baby

_____

_____

_____

Guest

Name _____

Advice for Parents

_____
_____
_____

Wishes for Baby

_____
_____
_____

Guest

Name _____

Advice for Parents

_____

_____

_____

Wishes for Baby

_____

_____

_____

Guest

Name _____

Advice for Parents

_____

_____

_____

Wishes for Baby

_____

_____

_____

Guest

Name _____

Advice for Parents

_____

_____

_____

Wishes for Baby

_____

_____

_____

Guest

Name _____

Advice for Parents

_____

_____

_____

Wishes for Baby

_____

_____

_____

Guest

Name _____

Advice for Parents

_____

_____

_____

Wishes for Baby

_____

_____

_____

Guest

Name ————————————————————

Advice for Parents

_____

_____

_____

Wishes for Baby

_____

_____

_____

Guest

Name _____

Advice for Parents

_____

_____

_____

Wishes for Baby

_____

_____

_____

Guest

Name _____

Advice for Parents

_____

_____

_____

Wishes for Baby

_____

_____

_____

Guest

Name _____

Advice for Parents

_____

_____

_____

Wishes for Baby

_____

_____

_____

Guest

Name _____

Advice for Parents

_____

_____

_____

Wishes for Baby

_____

_____

_____

Guest

Name _____

Advice for Parents

_____

_____

_____

Wishes for Baby

_____

_____

_____

Guest

Name _____

Advice for Parents

_____

_____

_____

Wishes for Baby

_____

_____

_____

Guest

Name _____

Advice for Parents

_____

_____

_____

Wishes for Baby

_____

_____

_____

Guest

Name _____

Advice for Parents

_____

_____

_____

Wishes for Baby

_____

_____

_____

Guest

Name _____

Advice for Parents

_____

_____

_____

Wishes for Baby

_____

_____

_____

Guest

Name _____

Advice for Parents

_____
_____
_____

Wishes for Baby

_____
_____
_____

Guest

Name _____

Advice for Parents

_____

_____

_____

Wishes for Baby

_____

_____

_____

Guest

Name _____

Advice for Parents

_____

_____

_____

Wishes for Baby

_____

_____

_____

Guest

Name _____

Advice for Parents

_____

_____

_____

Wishes for Baby

_____

_____

_____

Guest

Name _____

Advice for Parents

_____

_____

_____

Wishes for Baby

_____

_____

_____

Guest

Name _____

Advice for Parents

_____

_____

_____

Wishes for Baby

_____

_____

_____

Guest

Name _____

Advice for Parents

_____

_____

_____

Wishes for Baby

_____

_____

_____

Guest

Name _____

Advice for Parents

_____
_____
_____

Wishes for Baby

_____
_____
_____

Guest

Name _____

Advice for Parents

_____

_____

_____

Wishes for Baby

_____

_____

_____

Guest

Name _____

Advice for Parents

_____
_____
_____

Wishes for Baby

_____
_____
_____

Guest

Name _____

Advice for Parents

_____

_____

_____

Wishes for Baby

_____

_____

_____

Guest

Name _____

Advice for Parents

_____

_____

_____

Wishes for Baby

_____

_____

_____

Guest

Name _____

Advice for Parents

_____

_____

_____

Wishes for Baby

_____

_____

_____

Gifts

Guests:

_____

_____

_____

_____

_____

_____

_____

_____

_____

_____

Gifts:

_____

_____

_____

_____

_____

_____

_____

_____

_____

_____

Gifts

Guests:

_____

_____

_____

_____

_____

_____

_____

_____

_____

_____

_____

Gifts:

_____

_____

_____

_____

_____

_____

_____

_____

_____

_____

Gifts

Guests:

_____

_____

_____

_____

_____

_____

_____

_____

_____

_____

Gifts:

_____

_____

_____

_____

_____

_____

_____

_____

_____

_____

Gifts

Guests:

_____

_____

_____

_____

_____

_____

_____

_____

_____

_____

Gifts:

_____

_____

_____

_____

_____

_____

_____

_____

_____

_____

Gifts

Guests:

_____

_____

_____

_____

_____

_____

_____

_____

_____

_____

_____

Gifts:

_____

_____

_____

_____

_____

_____

_____

_____

_____

_____

_____

Gifts

Guests:

_____

_____

_____

_____

_____

_____

_____

_____

_____

_____

_____

Gifts:

_____

_____

_____

_____

_____

_____

_____

_____

_____

_____

Gifts

Guests:

_____

_____

_____

_____

_____

_____

_____

_____

_____

_____

Gifts:

_____

_____

_____

_____

_____

_____

_____

_____

_____

_____

Gifts

Guests:

_____

_____

_____

_____

_____

_____

_____

_____

_____

_____

Gifts:

_____

_____

_____

_____

_____

_____

_____

_____

_____

Gifts

Guests:

_____

_____

_____

_____

_____

_____

_____

_____

_____

_____

Gifts:

_____

_____

_____

_____

_____

_____

_____

_____

_____

_____

Gifts

Guests:

_____

_____

_____

_____

_____

_____

_____

_____

_____

_____

_____

Gifts:

_____

_____

_____

_____

_____

_____

_____

_____

_____

_____

_____

Gifts

Guests:

_____

_____

_____

_____

_____

_____

_____

_____

_____

_____

Gifts:

_____

_____

_____

_____

_____

_____

_____

_____

_____

_____

Gifts

Guests:

_____

_____

_____

_____

_____

_____

_____

_____

_____

_____

Gifts:

_____

_____

_____

_____

_____

_____

_____

_____

_____

_____

53825973R20059

Made in the USA
Columbia, SC
22 March 2019